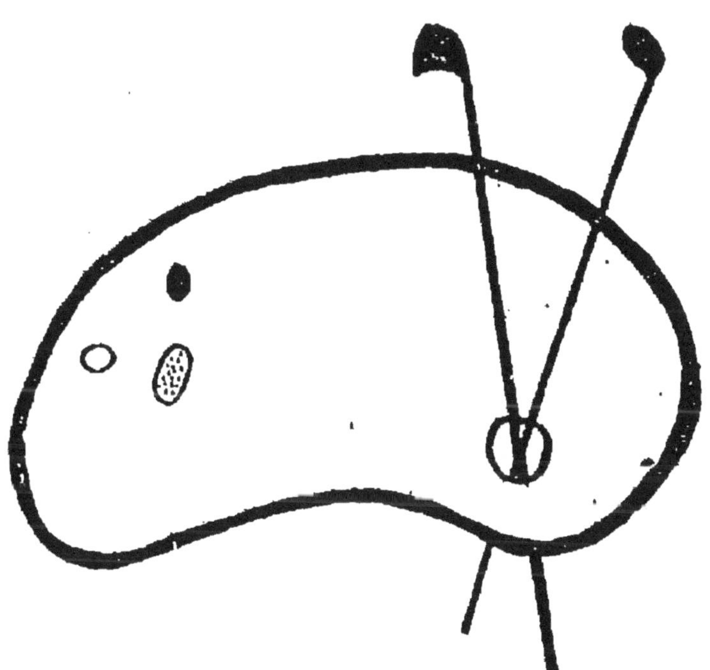

DEBUT D'UNE SERIE DE DOCUMENTS
EN COULEUR

ESQUISSES

ET

COPIES

EXÉCUTÉES PAR M. A. COLIN,

D'APRÈS LES MAÎTRES

DES DIVERSES ÉCOLES

———— ❖ ————

VENTE

Les 9 et 10 Mars 1860.

————

EXPOSITION le 8 Mars.

M⁰ DELBERGUE-CORMONT, Commissaire-Priseur.

M. VIGNÈRES, Marchand d'Estampes.

1860

RENOU ET MAULDE, IMPRIMEURS DE LA COMPAGNIE DES COMMISSAIRES-PRISEURS
144, rue de Rivoli.

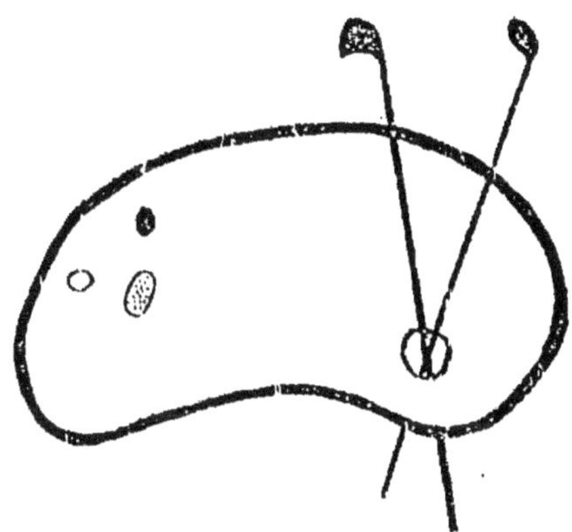

FIN D'UNE SERIE DE DOCUMENTS
EN COULEUR

CATALOGUE

D'UNE RÉUNION

D'ESQUISSES

ET

COPIES

Exécutées par M. A. COLIN

D'APRÈS LES MAÎTRES

DES ÉCOLES

ITALIENNE, ALLEMANDE, ESPAGNOLE, HOLLANDAISE, FLAMANDE, FRANÇAISE & ANGLAISE

DONT LA VENTE AUX ENCHÈRES PUBLIQUES AURA LIEU

HOTEL DES COMMISSAIRES-PRISEURS
Rue Drouot, n° 5

SALLE N° 4

Les Vendredi 9 & Samedi 10 Mars 1860

A 2 HEURES PRÉCISES

Par le ministère de Mᵉ **DELBERGUE-CORMONT**, Cᵣᵉ-Priseur,
rue de Provence, 8,

Assisté de **M. VIGNÈRES**, marchand d'Estampes, rue de la Monnaie, 13,
à l'entresol, entrée rue Baillet, 1,

Chez lesquels se distribue le présent Catalogue.

EXPOSITION PUBLIQUE

Le Jeudi 8 Mars 1860, de une heure à cinq heures.

1860

CONDITIONS DE LA VENTE.

Elle sera faite au comptant.

Les Acquéreurs paieront, en sus des adjudications, cinq centimes par franc applicables aux frais.

DÉSIGNATION

DES ESQUISSES

Ecole d'Italie.

RAPHAEL.

LÉONARD DE VINCI.

440 17 — Mona Lisa dite la Joconde, grandeur de l'original . . Musée du Louvre
65 18 — La même, portrait petite proportion . . . . Id.
150 19 — La belle Féronnière, grandeur de l'original . . . . Id.
31 20 — Saint Jean . . . . Id.
19 21 — L'Enfant Jésus dans la Vierge-aux-Rochers . . . . . . Id.
13 22 — Tête d'Ange dans le même tableau . . . . Id.
20 23 — Tête du Saint Jean dans le même tableau . . . . Id.
41 24 — La Vierge et Sainte Anne . . . . Id.
25 25 — Tête de Vierge en grisaille . . . . Musée de Parme.

LUINI.

14 26 — Tête de Saint Jean . . . . Musée de Paris.

FRA BARTOLOMMEO.

28 27 — La Vierge, Sainte Catherine de Sienne et plusieurs
       Saints . . . . Musée de Paris.

CORRÈGE.

37 28 — La Madeleine au désert . . . . Musée de Dresde.
34 29 — La Madonna della Scala, fresque . . . . Musée de Parme.
35 30 — Saint Jérôme . . . . Id.
15 31 — Deux têtes de martyrs . . . . Id.
30 32 — Une tête de Sainte Martyre . . . . Musée de Gênes.
30 33 — Une Sainte Famille . . . . Musée de Florence.
41 34 — Agar . . . . Musée de Naples.
42 35 — Mariage mystique de Sainte Catherine . . . . Id.
78 36 — L'éducation de l'Amour . . . . Musée de Londres.
10 37 — La Sainte Famille, grandeur de l'original . . . . Id.

TITIEN.

45 38 — La Vierge, l'enfant Jésus, Saint Étienne, Saint Am-
       broise et Saint Maurice . . . . Musée de Paris.
28 39 — Saint Jérôme au désert . . . . Id.
36 40 — Le couronnement d'Épines . . . . Id.
26 41 — La Vierge au lapin . . . . Id.
32 42 — Jupiter et Antiope . . . . Id.
33 43 — Portrait d'homme . . . . Id.
2 44 — Portrait prétendu de l'Arétin . . . . Id.

SASSO FERRATO.

20 64 — La Conception.............................. Musée de Milan.

MICHEL ANGE ANSELMI.

35 65 — La Vierge et l'enfant Jésus adoré par Saint Jean-
Baptiste et par Saint Étienne.................... Musée du Louvre.

ANNIBAL CARRACHE.

26 66 — Maria-Magdeleine....................... Id.
31 67 — La Vierge et l'enfant Jésus................ Musée de Florence.
36

GUIDO RENI.

30 68 — Ecce homo.............................. Paris. Musée du Louvre.
36 69 — La Vierge et l'enfant Jésus .... Id.
26 70 — Saint François en extase................. Id.

MICHEL ANGE DE CARAVAGE.

32 71 — Christ au tombeau....................... Musée du Louvre.

SCHIDONE.

27 72 — Sainte Famille.......................... Musée du Louvre.

MATHA PRETI.

16 73 — Saint Paul et Saint Antoine dans le désert .... Musée du Louvre.

CÉSAR PROCACCINO.

50 74 — Une martyre........................... Musée de Milan.

LE PRIMATICE.

41 75 — Une figure du tableau de la Continence de Scipion. Musée du Louvre.

TIEPOLO.

10 76 — Assomption............................ Musée de Parme.

SALVATOR ROSA.

46   77 — Apparition de l'ombre de Samuel à Saül .... Musée de Paris.
600 78 — Une bataille........................... Id.
40   79 — Paysage............................... Id.

École Flamande.

JAN VAN EYCK.

PIERRE-PAUL RUBENS

ANTON VAN DYCK.

École Hollandaise.

VAN ECKHOUT.

REMBRANDT VAN RYN.

PYNACKER (Adam).

164 — L'Auberge.................................... Musée du Louvre.

NETSCHER.

165 — La Leçon de basse-viole.................. Musée du Louvre.

École Espagnole.

MORALES (Luis de).

166 — Jésus-Christ portant sa croix .... Musée du Louvre.

MURILLO (Bartholomé-Esteban).

157 — La Conception immaculée de la Vierge........... Musée du Louvre.
158 — Le jeune Mendiant........................... Id.
159 — La Nativité de la Vierge...................... Id.
160 — Fragment du tableau de la cuisine des Anges..... Id.
161 — Ecce homo................................. Ancienne galerie espagnole.
162 — Un Saint distribuant des aumônes.............. Id.
163 — Portrait d'homme avec un chien............... Id.
164 — Jeunes mendiants............................ Musée de Munich.
165 — Jeunes mendiants............................ Id.

VELASQUEZ.

166 — Portrait de l'infante Marguerite................ Musée du Louvre.
167 — Réunion de portraits des artistes de son temps.... Id.
168 — Portrait de don Pedre Moscoso, doyen de la chapelle
de Tolède...................................... Id.
169 — Portrait d'homme............................ Musée de Munich.
170 — Portrait de Velasquez .... Musée de Florence.
171 — Portraits d'enfants........................... Ancienne galerie espagnole

ZURBARAN.

172 — Un Moine en prière .... Ancienne galerie espagnole
173 — Sainte Marthe............................... Galerie Aguado.
174 — Un saint Écrivain sous l'inspiration du Saint-Esprit. Id.

JOSEF DE RIBERA dit l'ESPAGNOLET.

École Française.

BACHELIER.

BOUCHARDON.

BOUCHER.

A. COLIN.

FRAGONARD.

ISABEY (Eugène).

JOUVENET (Jean).

JULIEN.

190 — L'Amour embrasant le monde. . . . . . .

LA FOSSE (Charles de).

191 — Moïse sauvé des eaux. Musée du Louvre.

NATTIER.

192 — Antiope.

PARROCEL.

193 — Rixe d'Enfants.
194 — L'Automne, sujets d'enfants.

PRUD'HON.

195 — Sujets gracieux, 7 compositions différentes.

FRAGONARD.

196 — Paysage.

ROBERT (Léopold).

196 bis. — Tête de femme dans le tableau des Moissonneurs.

SCHALL.

197 — Baigneuses.

TARAVAL.

198 — Le Triomphe d'Amphitrite. . . . . Musée du Louvre.

VERNET (Horace).

199 — Groupe de Paysans romains.

WATTEAU.

200 — Esquisse d'après le tableau de l'ancienne galerie
      Standish.
201 — Fragment d'un tableau de la galerie de Dulwich.
202 — Autre fragment du même tableau.
203 — Esquisse d'après Watteau, du Cabinet de M. Roberts.
204 — Autre esquisse.

École Anglaise.

BONINGTON.

205 — Plage de Flandres. *4h*

FUSELI.

206 — Sujet tiré du Songe des Nuits d'été. *15*

REYNOLDS (Sir Joshué).

207 — Têtes d'Anges . . . . Musée de Londres. *18*

SMIRKE.

208 — Sujet des Femmes joyeuses de Windsor. *7*

TURNER.

209 — Paysage. *17*
210 — Enfants sur une plage. *14*
211 — Souvenir d'un tableau. *21*
212 — Paysage d'Italie. *10*
213 — Paysage, sujet de Shakespeare. *10*

WESTALL (R.).

314 — Macbeth. *10*
215 — Ophelia dans Hamlet. *24*

215 bis — Franceskini. *30*

Total — 14100

PREMIÈRE VACATION

ÉCOLE FRANÇAISE.

ÉCOLE ANGLAISE.

DEUXIÈME VACATION.

Les autres numéros du Catalogue contenant autant d'esquisses des mêmes maîtres et les Boucher, Prud'hon, Watteau, etc., plusieurs esquisses non cataloguées, dont deux portraits, Erasme et autre, d'après Holbein.

Renou et Maulde, Imprimeurs de la Compagnie des Commissaires-Priseurs, rue de Rivoli, 144.

VENDÉE

DANIEL GIRAUD.
8, Rue Boursault, 8.

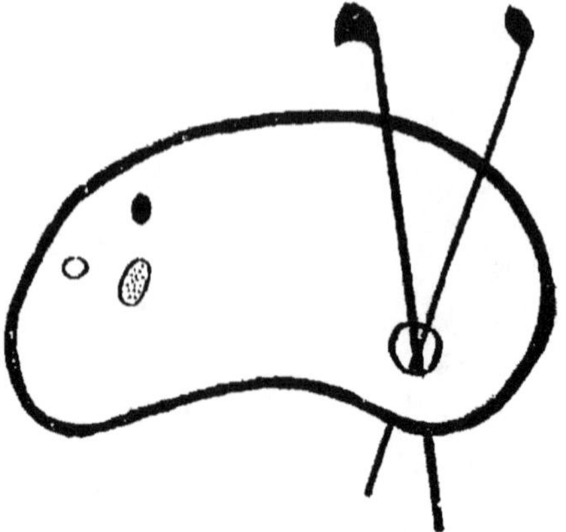

ORIGINAL EN COULEUR
NE Z 43-170-8